Aveugle

A a

Azor

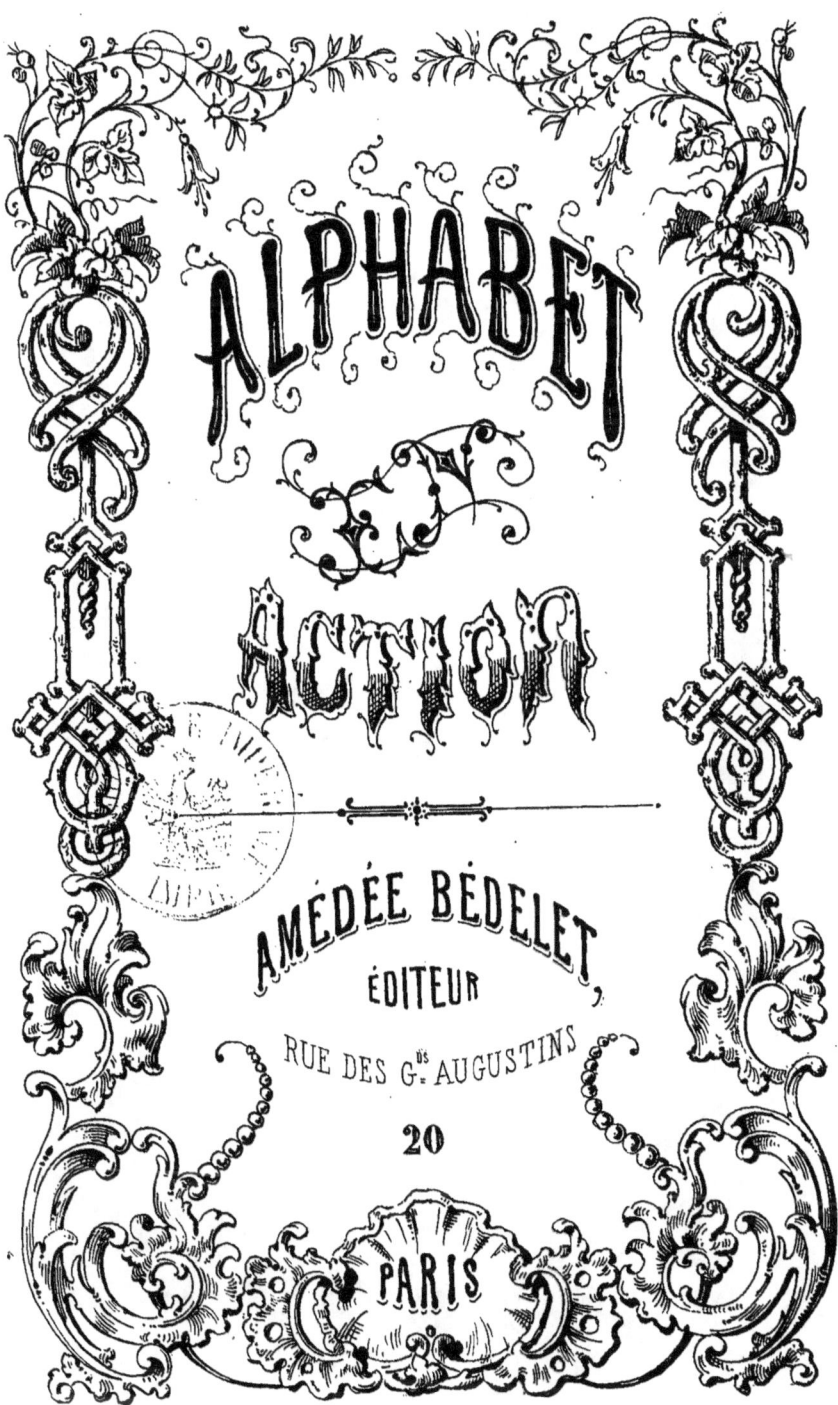

ALPHABET
action

AMÉDÉE BÉDELET,
ÉDITEUR,
RUE DES G^{ds} AUGUSTINS
20
PARIS

MAJUSCULES

A B C D

E F G H

I J K L

M N O P

Q R S T

U V X Y Z

MINUSCULES

a b c d e f g
h i j k l m n
o p q r s t u
v x y z æ œ w

RONDE

a b c d e f g
h i j k l m w
o p q r s t u
v x y z ae oe w

MAJUSCULES ANGLAISES

A   *B*   *C*   *D*

E   *F*   *G*   *H*

I   *J*   *K*   *L*

M   *N*   *O*   *P*

Q   *R*   *S*   *T*

U   *V*   *X*   *Y*

Z   *W*   *&*   *&ra*

EXERCICES

VOYELLES

a e i o u y

CONSONNES

b c d f g h j k l m
n p q r s t v x z

TROIS MANIÈRES DE PRONONCER E

e muet   é fermé.   è ouvert.

Leçon, Parole.   Bonté, Café.   Père, Mère.

ACCENTS

Aigu.   Grave.   Circonflexe sur a e i o u

Été. Prière. Âne. Fête. Gîte. Trône. Flûte.

SYLLABES

A

Ab-ba, ac-ca, ad-da, af-fa, ag-ga, ah-ha, aj-ja, ak-ka, al-la, am-ma, an-na, ap-pa, aq, ar-ra, as-sa, at-ta, av-va, ax-xa, az-za.

Bascule

B b

Ballon

Corde

C c

Calèche

Dinette

D d

Duel

Etude

E e

Escarpolette

Fleurs

F f

Fête

Guignol

G g

Glissade

Halte!

H h

Hannetons

Images.

I J

Jouets.

Kabyles.

K k

Kakatoës.

Lion.

L   l

Lanterne magique.

Masques.

M m

Marins.

Navires.

N n

Noisettes.

Oiseaux

O o

Ours.

Pluie.

P　　　p

Plaisir

Quilles.

Q q

Qui vive!

Réprimande

R r

Repos

Serpent

S S

Saut de mouton

Toupie

T t

Télescope

Uniformes

U u

Urne

Volant

V   V

Voyageurs

Xilographie

X   X

Xystiques

Yeux

Y y

Yole

Zibeline

Z   Z

Zèbre

PLUSIEURS SYLLABES FORMENT UN **MOT**

Pa-pa. A-na-nas.

PLUSIEURS MOTS FORMENT UNE **PHRASE**

Pa-pa a-va-la l'a-na-nas d'A-nas-ta-se.

E

Eb-be, ec-ce, ed-dè, ef-fé, eg-ge, eh-hé, ej-jè, ek-kè, el-le, em-mé, en-nè, ep-pê, eq, er-re, es-sé, et-tè, ev-vê, ex-xe, ez-ze.

Hé-lè-ne a é-té à la pê-che, el-le a bar-bo-té, sa mè-re en a é-té ex-cé-dé-e.

SONS IDENTIQUES DE **E**

Eu, œu, ent, ai, ei, et, est, er, ez,

Al-bert, al-lez a-vec ma mè-re et ma sœur : el-les ai-dent à pe-ser sei-ze bal-les de lai-ne.

I

Ib-bi, ic-ci, id-di, ig-gi, ih-hi, ij-ji, ik-ki, il-li, im-mi, in-ni, ip-pi, iq, ir-ri, is-si, it-ti, iv-vi, ix-xi, iz-zi.

TH, SON IDENTIQUE DE T

Thé-o-phi-le, ter-mi-ne ton thè-me; en-sui-te nous pren-drons le thé.

C PRONONCÉ COMME SS AVANT E, I

Cé-ci-le, fai-tes ce-ci; c'est un e-xer-ci-ce u-ti-le et né-ces-sai-re. Et vous, Al-ci-de, cessez de vous ba-lan-cer et de fai-re des gri-ma-ces.

CONSONNES DOUBLES

BL. BR. CL. CR. FR. GR. GL.

Blé, bras, clou, crin, frac, grain, gland.

PL. PR. ST. TR. VR.

Plat, prix, stuc, trou, vrai.

Le pau-vre Fran-cis a pleu-ré et cri-é en vo-yant ses fleurs flé-tries par la gros-se pluie; il en a plan-té d'au-tres à l'abri du grand pru-nier.

FIN